Le capybara botté

Mira Canion

Translation by Margarita Pérez García

Story adaptation by Mira Canion

Contributions by Anna Gilcher, Cécile Lainé, and Anny Ewing

Le capybara botté

French adaptation of *El capibara con botas*

Translation by Margarita Pérez García

Story adaptation by Mira Canion

Contributions by Anna Gilcher, Cécile Lainé, and Anny Ewing

Cover by Massimo Romano

Illustrations by Massimo Romano

Interior design by Yajayra Barragan

Photography by Mira Canion

ISBN 978-1-947006-10-2

Note de l'auteur

Can you imagine that there is a giant swimming rat? It is as big as a person and can swim underwater for five minutes. I am talking about the capybara. Capybaras are delicious to several large animals and even humans. That is why capybaras live in big groups and bark to warn each other if there are pumas, jaguars or anaconda snakes nearby. Then they quickly jump into the water and swim away using their webbed feet.

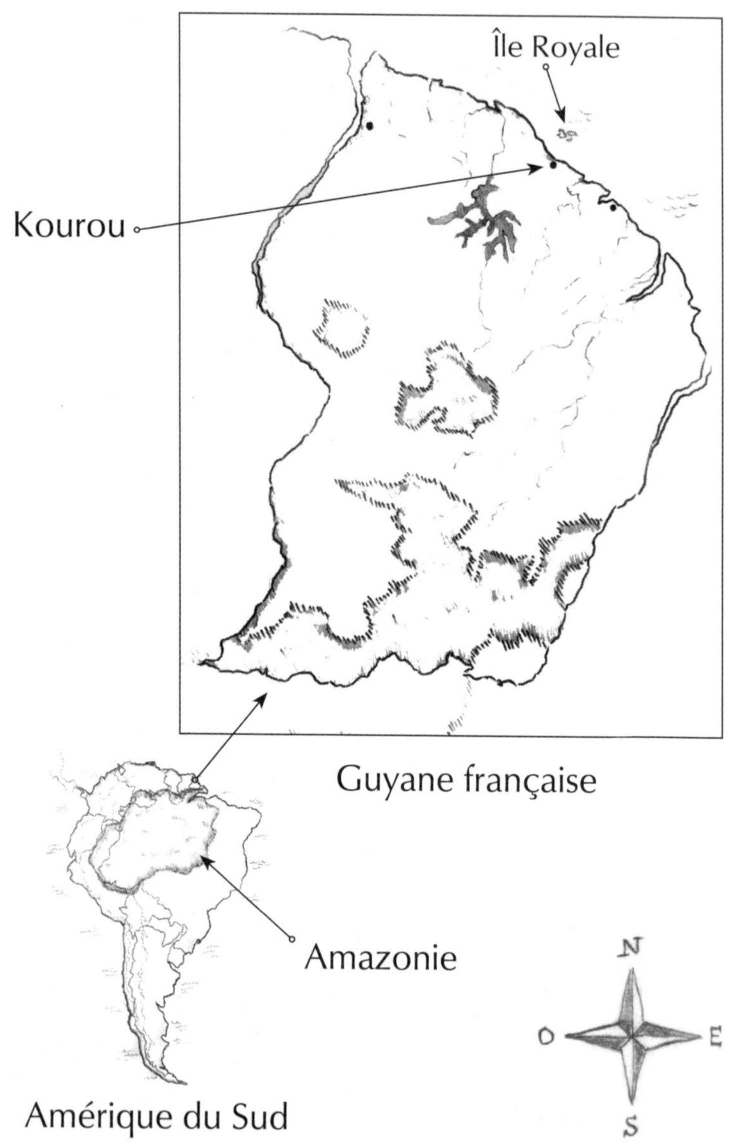

Île Royale
Kourou
Guyane française
Amazonie
Amérique du Sud
N
O
E
S

Since capybaras are water animals, they live around lakes, rivers, marshes, and swamps. Thus, the Amazon rainforest is one of their favorite places. The Amazon has plenty of water as long as we do not cut down its trees and plants.

A small part of the Amazon rainforest is in French Guiana. In this South American country we find Rémy the capybara with boots. Why is Rémy not happy? What problems does he have? What does he do to solve his problems? What people do the animals of the story remind you of? What problems and solutions does Rémy have that are similar to your problems?

Well, what are you waiting for? You will only find out the answers if you read. So let's go to the Amazon! Yes, that means you should turn the page.

Chapitre 1
Un grand rat

Rémy est un animal fantastique. Rémy est un capybara, un grand rat.

Rémy est de la Guyane française. Rémy est de l'Amazonie. L'Amazonie est une forêt tropicale. L'Amazonie est une grande forêt.

Rémy a un problème. Il est différent. Il ne nage pas bien. Il a des pattes différentes. Il n'a pas les pattes palmées. Rémy est différent.

Rémy a une maman et un papa. Son papa est un grand capybara. Son papa est cruel parce que Rémy ne nage pas bien. Sa maman est une grande capybara. Sa maman est sympa. Elle n'est pas cruelle.

Chapitre 2
Les deux amis

Rémy a deux amis : un iguane et un singe. L'iguane est un ami difficile. L'iguane est cruel. Il n'est pas sympa. Le singe est un excellent ami. Il est sympa. Il n'est pas cruel.

L'iguane saute dans l'eau. L'iguane est content. Il nage bien. Rémy ne saute pas dans l'eau. Il ne nage pas bien. Il a des pattes différentes. Rémy n'est pas content. L'iguane dit :

« Rémy ne peut pas nager. Il a des pattes différentes.

– Rémy peut nager, répond le singe.

– Non ! Il ne peut pas nager. Il n'est pas normal », dit l'iguane.

Rémy n'est pas content. Il est furieux. Il saute dans l'eau. Il est anxieux. Il a des gaz. L'iguane s'exclame : « Rémy ne peut pas nager ! »

Le singe est sympa. Il dit : « Rémy est fantastique. Il peut nager. »

Rémy ne nage pas dans l'eau. Rémy n'est pas content. Il a des pattes différentes.

Chapitre 3

Anxieux

Un puma cruel est dans la forêt tropicale. Le puma voit Rémy. Le puma est content parce qu'il voit Rémy. Le puma observe Rémy en silence. Rémy a un problème ! Il ne voit pas le puma.

Rémy est dans l'eau. Il a des gaz parce qu'il est anxieux. Son papa est furieux parce que Rémy ne nage pas. Sa maman n'est pas furieuse. Sa maman est sympa.

Le puma marche vers Rémy. Le puma marche en silence. Rémy ne voit pas le puma. Mais son papa voit le puma.

« Un puma ! », s'exclame son papa.

Sa maman et son papa sautent vite dans l'eau. Rémy voit le puma et il est anxieux. Il a des gaz parce qu'il est anxieux !

Le puma observe les gaz. Le puma n'attaque pas parce que Rémy a des gaz. Rémy est content parce qu'il s'échappe.

Chapitre 4
Les bottes

Rémy a une idée. Il a deux bottes. Il a deux bottes spéciales. Rémy marche avec les bottes. Il marche sur deux pattes. Rémy est content parce qu'il marche avec les bottes.

Son papa voit les bottes. Son papa est cruel. Il est furieux parce que Rémy a des bottes. Il est furieux parce Rémy ne nage pas dans l'eau. Son papa s'exclame :

« Un capybara normal nage dans l'eau !

– Mais Rémy est spécial, répond sa maman.

– Un capybara normal nage bien », dit son papa.

Rémy marche avec les bottes. Son papa est furieux. Il dit à Rémy : « Un capybara normal n'a pas de bottes ! »

Rémy n'est pas content parce que son papa est cruel. Rémy ne saute pas dans l'eau parce qu'il est anxieux. Son papa est cruel parce que Rémy est un capybara différent.

Chapitre 5
Le puma

Le puma cruel veut attaquer les capybaras. Il veut un hamburger de capybara. Il veut un grand hamburger.

Mais le puma a un problème. Le lac est son problème. Les capybaras s'échappent dans le lac. Ils s'échappent parce qu'il y a beaucoup d'eau dans le lac. Les capybaras s'échappent parce qu'ils nagent très vite. Le puma ne nage pas très vite.

Le puma a un plan. Il veut détruire le lac. Alors, il détruit les plantes. Il détruit les arbres. Il détruit les plantes et les arbres parce qu'il veut détruire le lac. Il ne veut pas de plantes parce que les plantes produisent de la vapeur d'eau.

Le puma a un ami. Le jaguar est un excellent ami. Le jaguar veut attaquer les capybaras. Il veut détruire le lac. Le jaguar voit les plantes. Il ne veut pas de plantes. Alors, le jaguar détruit les plantes. Il détruit beaucoup d'arbres.

Le puma et le jaguar détruisent les plantes. Ils détruisent beaucoup de plantes. Ils détruisent les arbres. Ils détruisent beaucoup d'arbres de la forêt. Alors, ils détruisent le lac.

Chapitre 6
Dans l'eau

Il n'y a pas beaucoup d'eau dans le lac. Rémy est content parce qu'il ne veut pas nager. Il marche dans la forêt. Il marche avec les bottes spéciales. Son papa n'est pas content parce qu'il a un problème. Il ne peut pas nager. Il n'y a pas beaucoup d'eau dans le lac.

L'iguane nage dans le lac. L'iguane est content parce qu'il peut nager. Il peut nager parce qu'il n'est pas grand.

Le papa de Rémy saute dans l'eau. Il n'est pas content parce qu'il a un problème. Il est grand. Il ne peut pas nager. Il n'y a pas beaucoup d'eau dans le lac. Alors, il est furieux.

Sa maman n'est pas furieuse. Elle est très sympa. Rémy est content parce que sa maman est sympa. Il marche avec sa maman. Il ne nage pas dans le lac.

Le puma observe Rémy en silence. Le jaguar observe la maman de Rémy. Le puma et le jaguar marchent vers Rémy et sa maman. Ils marchent en silence. Rémy a un problème. Il ne voit pas le puma. Mais le puma voit Rémy.

Chapitre 7
Cours !

Rémy et sa maman marchent dans la forêt. Le singe est avec Rémy. Le singe est sur la tête de Rémy. Le puma et le jaguar marchent en silence. Ils marchent vers Rémy et sa maman. Ils marchent en silence.

Rémy ne voit pas le puma. Sa maman est anxieuse. Soudain, sa maman voit le puma.

« Cours ! », s'exclame sa maman.

Soudain, le jaguar court vers la maman de Rémy. Alors, elle court et saute dans le lac.

Le jaguar court vers la maman de Rémy. Il saute vers elle. Il n'y a pas beaucoup d'eau dans le lac. Le jaguar se cogne contre une pierre.

Le puma court vers Rémy. Mais Rémy ne saute pas dans le lac. Il court vers la forêt. Il court vite parce qu'il a des bottes spéciales. Rémy court avec le singe sur la tête. Mais le puma court vite.

Chapitre 8
Saute !

Rémy court vite dans la forêt. Rémy veut courir très vite. Il a des bottes spéciales.

Soudain, le singe voit un anaconda.

« Saute ! », s'exclame le singe.

Rémy saute dans un arbre. Il saute très bien parce qu'il a des bottes spéciales. Le puma voit l'anaconda. Alors, le puma saute mais il ne voit

pas l'arbre.

Bam ! Le puma se cogne contre l'arbre. Le puma a un problème. Il ne peut pas courir. L'anaconda voit le puma. L'anaconda attaque le puma parce que le puma ne peut pas courir.

Rémy veut échapper à l'anaconda. Alors, Rémy court avec le singe. Le singe dit :

« C'est fantastique ! Tu as des bottes spéciales.

– Oui, très spéciales ! », s'exclame Rémy.

Alors, Rémy voit la forêt. Sa maman n'est pas dans la forêt. Rémy est anxieux parce que sa maman n'est pas dans la forêt.

« Maman ne peut pas s'échapper. Elle n'a pas de bottes », explique Rémy.

Soudain, Rémy court vers le lac.

Chapitre 9
Spécial

« Maman ! Maman ! », s'exclame Rémy.

Beaucoup de capybaras arrivent au lac. Il y a un problème dans la forêt. Il n'y a pas beaucoup d'eau dans le lac. Les capybaras ne peuvent pas nager. Le puma et le jaguar peuvent attaquer.

Rémy ne voit pas sa maman.

« Maman ? Papa ? dit Rémy, anxieux.

– Rémy ! s'exclame sa maman.

– Rémy court vite parce qu'il a des bottes spéciales ! », dit le singe.

Un grand capybara voit les bottes spéciales. Le grand capybara est le leader des capybaras. Le leader a un problème. Les capybaras ne peuvent pas s'échapper. Il n'y a pas beaucoup d'eau dans le lac.

Le leader a un plan. Rémy a des bottes spéciales. Rémy peut marcher vers l'Île Royale. Il y a un agouti spécial. L'agouti est intelligent. Il a des idées excellentes.

Rémy est très content. Il veut marcher vers l'Île Royale. Il est content parce qu'il a des bottes spéciales. Son papa n'est pas content.

« Mais Rémy est différent, explique son papa.

– Oui, il est différent parce qu'il a des bottes spéciales, explique le leader.

– C'est fantastique ! s'exclame le singe.

– L'agouti est sur l'Île Royale, dit le leader.

– Rémy ne peut pas nager. Il a des pattes différentes, explique son papa.

– Mais Rémy a des bottes spéciales », dit le leader.

Chapitre 10
Le lama

Le leader des capybaras a une sarbacane. Il dit à Rémy : « Prends la sarbacane ! »

Rémy prend la sarbacane. Il est content. Le singe voit la sarbacane. Le singe est curieux. Alors, le singe saute sur la tête de Rémy. Il va avec Rémy.

Rémy marche vers l'Île Royale. Rémy et le singe marchent sur une grande distance. Ils arrivent au Centre spatial. C'est un Centre spatial pour astronautes.

Le singe voit un lama. Le lama est grand. Le lama visite le Centre spatial.

« Un lama ? C'est possible ? demande Rémy.

– Oui, c'est possible : le lama est un astronaute fantastique, répond le lama.

– Non. Le singe est un astronaute fantastique », s'exclame le singe.

Le singe est curieux. Le singe saute sur le lama. Il saute beaucoup.

« C'est fantastique ! », s'exclame le singe.

Soudain, il y a une explosion. Boum ! L'explosion est dans le Centre spatial. Le singe est anxieux. Il saute sur la tête du lama. Le lama est anxieux parce que le singe saute beaucoup. Le lama court vite pour échapper à l'explosion. Rémy court et saute sur le lama. Rémy saute très bien. Il a des bottes spéciales.

« C'est un capybara fantastique ! s'exclame le lama.

– Il a des bottes spéciales », explique le singe.

Le lama court avec Rémy et le singe. Le lama court vite. Il est très anxieux.

Chapitre 11

Kourou

Le lama court vite avec Rémy et le singe. Le lama, Rémy et le singe échappent à l'explosion. Ils courent vite. Ils vont vers Kourou, une ville. Il y a des voitures à Kourou.

Le lama, Rémy et le singe marchent dans la ville. Le singe voit beaucoup de voitures. Le singe est curieux. Le singe saute sur une voiture. La voiture est grande.

« C'est fantastique ! », s'exclame le singe.

Le singe est content. Il saute beaucoup sur la voiture. Soudain, la voiture va vite. Le singe est anxieux parce que la voiture va vite.

« Le singe ! », s'exclame Rémy.

Rémy et le lama courent vers la voiture. Rémy court vers la voiture. Il court très vite. Rémy attaque la voiture avec la sarbacane.

La voiture va vers un arbre. Soudain, la voiture a un accident. Mais le singe voit Rémy et il saute vite. Le singe saute sur la tête de Rémy.

Le singe n'est pas content. Il ne veut pas marcher dans la ville. Il ne veut pas marcher avec les voitures. Le singe veut marcher vers l'Île Royale.

Le lama est curieux. Il veut marcher vers l'Île Royale. Alors, le lama marche avec Rémy et le singe. Les trois animaux vont vers l'océan. Et le lama est très content.

Chapitre 12

L'agouti

Les trois animaux marchent vers l'océan. Ils arrivent à l'océan. Rémy ne veut pas nager vers l'Île Royale. Il ne nage pas bien. Il a des pattes différentes.

Le lama voit un bateau. Le bateau n'est pas grand. Les trois animaux vont dans le bateau. Ils vont vers l'Île Royale.

Le bateau arrive à l'Île Royale. Le lama, Rémy et le singe vont vers l'agouti spécial. Le singe voit l'agouti spécial. C'est un rat.

« C'est fantastique ! s'exclame le singe.

– Il y a un problème dans la forêt. Il n'y a pas beaucoup d'eau dans le lac. Les capybaras ne peuvent pas nager, explique Rémy.

– Il y a beaucoup de plantes dans la forêt ? demande l'agouti.

– Non. Le puma et le jaguar détruisent les plantes. Et ils détruisent les arbres, explique Rémy.

– Une forêt tropicale a beaucoup de plantes et d'arbres », explique l'agouti.

Alors, l'agouti a une excellente idée. L'agouti a des graines. L'agouti a des graines de plantes et d'arbres. L'agouti dit à Rémy :

« Prends les graines. Plante les graines dans la forêt.

– C'est fantastique ! », s'exclame le singe.

Rémy prend les graines. Rémy est très content parce qu'il a les graines. Il veut planter les graines dans la forêt.

« C'est super ! Au revoir, agouti spécial ! dit Rémy.

– Au revoir ! », répond l'agouti spécial.

Chapitre 13

Le bateau

Rémy, le singe et le lama vont dans le bateau. Ils vont vers Kourou, la ville. Soudain, le singe voit un requin dans l'océan. Le singe est curieux.

Le singe saute sur le lama. Il saute beaucoup. Le lama est furieux parce que le singe saute beaucoup.

Soudain, le singe est dans l'océan. Le singe a un problème. Le requin nage vers le singe. Rémy voit le requin.

« Le singe ! s'exclame Rémy.

– Saute dans l'océan, Rémy ! s'exclame le lama.

– Les bottes ! », s'exclame Rémy.

Le lama prend les bottes et Rémy saute dans l'océan. Il nage vite vers le singe. Rémy a des gaz parce qu'il est anxieux. Le requin observe le gaz. Il est anxieux. Il n'attaque pas Rémy parce que Rémy a des gaz.

Alors, Rémy nage avec le singe vers le bateau. Le singe est content parce que Rémy nage bien.

« C'est fantastique ! s'exclame le singe.

– Rémy nage très bien », dit le lama.

Rémy est content. Il nage très bien. C'est un capybara normal parce qu'il nage bien.

Chapitre 14

La forêt

Le bateau arrive à Kourou, la ville. Rémy, le lama et le singe vont vers la forêt. Ils marchent sur une grande distance. Ils arrivent à la forêt tropicale.

Rémy prend les graines. Il plante les graines. Rémy plante les graines dans la forêt. Rémy saute dans l'eau. Rémy n'est pas anxieux. Il nage bien dans l'eau. Son papa est très content.

« Rémy nage bien ? demande l'iguane.

– Oui, Rémy est normal. Il nage très bien, dit son papa.

– Rémy n'est pas normal. Rémy est spécial », explique sa maman.

Rémy est content. La forêt a des plantes et des arbres. Le lac a beaucoup d'eau. Rémy a une maman sympa et un papa content. Rémy nage très bien. Et il a des bottes ! Rémy est très content.

Glossaire

— A —

a - has

à - to, in, at

accident - accident

agouti - agouti

alors - so

ami - friend

amis - friends

anaconda - anaconda

animal - animal

animaux - animals

anxieuse - anxious

anxieux - anxious

arbre - tree

arbres - trees

arrive - arrives

arrivent - arrive

as - have

astronaute - astronaut

astronautes - astronauts

attaque - attacks

attaquer - attack, to attack

au - at the

au revoir - good-bye

avec - with

— B • C —

bam - bam

bateau - boat

beaucoup - a lot

bien - well

botté - in boots

bottes - boots

boum - boom

capybara - capybara

capybaras - capybaras

centre spatial - space center

c'est - it is

cogne (se cogne) - hits

content - happy

contre - against

courent - run

courir - run, to run

cours - run

court - runs

cruel - cruel

cruelle - cruel

curieux - curious

— D —

d'arbres - of trees

dans - in

de - from, of

d'eau - of water

demande - asks

des - some, of the

détruire - to destroy

détruisent - destroy

détruit - destroys

deux - two

différent - different

différentes - different

difficile - difficult

distance - distance

dit - says

du - of the

——————— E ———————

échappent à - escape from

échapper à - to escape from

elle - she

en - in

est - is

et - and

excellent - excellent

excellente - excellent

excellentes - excellent

explique - explains

explosion - explosion

——————— F • G • H ———————

fantastique - fantastic

forêt - forest

française - French

furieuse - furious

furieux - furious

gaz - gas

graines - seeds

grand - big

grande - big

Guyane française - French Guiana

hamburger - hamburger

——————— I • J ———————

idée - idea

idées - ideas

iguane - iguana

il - he

il y a - there is, there are

il n'y a pas - there is not

ils - they

intelligent - intelligent

jaguar - jaguar

——————— K • L ———————

Kourou - Kourou, a city

la - the

lac - lake

lama - llama

le - the

leader - leader

les - the

l'agouti - the agouti

l'Amazonie - the Amazon

l'anaconda - the anaconda

l'arbre - the tree

l'eau - the water

l'explosion - the explosion

l'iguane - the iguana

l'océan - the ocean

l'Île Royale - Royal Island

—————— M • N • O ——————

mais - but

maman - mom

marche - walks

marchent - walk

marcher - walk, to walk

n'a pas - does not have

nage - swims

nagent - swim

nager - swim, to swim

n'attaque pas - does not attack

ne __ pas - not

n'est pas - is not

non - no

normal - normal

n'y (il n'y a pas) - there is not

observe - observes

oui - yes

—————— P ——————

palmées - webbed

papa - dad

parce que - because

parce qu'il - because he

parce qu'il y a - because there is

parce qu'ils - because they

pas - not

pas de - not any

pattes - paws

peut - can

peuvent - can

pierre - stone

plan - plan

plante - plant, plants

planter - to plant

plantes - plants

possible - possible

pour - for, in order to

prend - takes

prends - take

problème - problem

produisent - produce

puma - puma

—————— **Q · R** ——————

que (parce que) - because

qu'il (parce qu'il) - because he

qu'il (parce qu'il y a) - because
there is

qu'ils (parce qu'ils) - because
they

rat - rat

requin - shark

revoir (au revoir) - good-bye

Royale - Royal

Rémy - Rémy is a name

répond - answers, responds

—————— **S** ——————

sa - his

sarbacane - blowpipe

saute - jumps

sautent - jump

se cogne - hits

s'échappe - escapes

s'échappent - escape

s'échapper - escape, to escape

s'exclame - exclaims

silence - silence

singe - monkey

son - his

soudain - suddenly

spatial - space

spécial - special

spéciales - special

super - super

sur - on, for

sympa - nice

—————— **T** ——————

tête - head

très - very

trois - three

tropicale - tropical

tu - you

—————— **U · V · Y** ——————

un - a, an

une - a, an

va - goes

vapeur - vapor

vers - toward

veut - wants

ville - city

visite - visits

vite - fast

voit - sees

voiture - car

voitures - cars

vont - go

y (il y a) - there is, there are

Le capybara

Capybaras are the largest rodent in the world. They weigh between 60 and 150 pounds. By comparison, a rat weighs less than one pound. Capybaras are social animals. They eat plants in their habitat. They live in rivers, marshes, and lakes. They are very good swimmers due to their partially webbed feet. They can submerge themselves up to five minutes. Their main defense against predators is to quickly dive into the water.

Le capybara est le plus gros rongeur du monde. Il pèse entre 27 et 68 kg. À titre comparatif, le rat pèse moins de 500 g. Le capybara est un animal social. Il mange les plantes de son habitat. Il habite dans les rivières, les marais et les lacs. C'est un excellent nageur grâce à ses pattes partiellement palmées. Il peut rester jusqu'à cinq minutes sous l'eau. Sa principale défense contre les prédateurs est de plonger rapidement dans l'eau.

La Guyane française

Officially, French Guiana is an overseas territory of France. It lies on the northeastern coast of South America. About 90% of the territory is tropical forest.

La Guyane est un territoire d'outre-mer français. Elle est située sur la côte nord-est de l'Amérique du sud. La forêt tropicale occupe environ 90% de son territoire.

Le puma et le jaguar

The puma is part of the big cat family that resides in the Americas. It has many names such as cougar, mountain lion, or panther. They live alone. Pumas can run up to 50 mph (80 km/h) and jump as high as 15 feet (4.6 m).

The jaguar is the largest, most powerful animal of the cat family in the Americas. It is a solitary animal. They stalk capybaras by sneaking up behind them and pouncing on their necks with their powerful jaws.

Le puma fait partie de la famille des félins sur le continent américain. Il porte plusieurs noms comme le couguar, le lion des montagnes ou la panthère. Il vit en solitaire. Le puma peut courir jusqu'à 80 km/h et faire des bonds de 4.6 m de haut.

Le jaguar est le plus grand et le plus puissant des animaux de la famille des félins sur le continent américain. Il vit en solitaire. Il traque les capybaras et les attaque par derrière en leur bondissant dessus et en les attrapant avec sa mâchoire puissante.

L'Île Royale et les agoutis

Three islands called Salvation Islands are located about 10 miles (16 km) from the coastal town of Kourou. From 1852 to 1939 they served as a dreadful prison for more than 70,000 French convicts. During their prison days the islands were called Devil's Islands. Royal Island is the largest of the islands and home to an abundance of agouti, sea turtles, and iguanas. The agouti is a small rodent that has rabbit legs, no tail, and small ears. They are able to leap vertically up to two meters (6.5 feet). They are the only animal able to crack open the Brazilian nut. Agoutis tend to bury seeds for snacking on later and thus they help regenerate the forest with their seed-hiding habits.

À 10km de la ville côtière de Kourou, il y a trois îles appelées les Îles du Salut. De 1852 à 1939, ces îles ont servi de terrible prison pour plus de 70.000 condamnés. On les appelait alors les Îles du Diable. L'Île Royale est la plus grande et abrite de nombreux agoutis, tortues de mer et iguanes. L'agouti est un petit rongeur aux pattes de lapin, sans queue et avec de petites oreilles. Il peut sauter jusqu'à deux mètres de haut. Il est le seul animal à pouvoir ouvrir une noix du Brésil. L'agouti cache des graines sous terre pour les manger plus tard et il aide ainsi la forêt à se régénérer.

Le Centre spatial guyanais

It may be surprising to find a space center in French Guiana. This space center is a joint effort between the French Space Agency, the European Space Agency, and Arianespace and accounts for one-fourth of French Guiana's annual gross domestic product.

It is the only space center close to the equator, which helps it launch rockets more efficiently due to the earth's faster spin. Nearly 67% of the world's commercial satellites have been launched here since 1980.

Cela peut paraître surprenant de trouver un centre spatial en Guyane française. Ce centre spatial est un effort mutuel entre le Centre national d'études spatiale, l'Agence spatiale européenne et Arianespace, et représente un quart du produit intérieur brut de la Guyane.

C'est le seul centre spatial proche de l'équateur, ce qui lui permet de lancer ses fusées de façon plus efficace grâce à la rotation plus rapide de la terre. Environ 67% des satellites commerciaux du monde entier ont été lancés du centre de Kourou depuis 1980.

La forêt tropicale

Rainforests are important for healthy living for everyone on the planet. They help us breathe better and maintain air temperatures because they absorb harmful carbon dioxide (CO2). If there is too much carbon dioxide, the Earth will heat up causing many plants and animals to die. Over half of all the Earth's plant and animal species live in rainforests. Rainforests are essential for up to 25% of all medicines, the production of rubber, and numerous tropical fruits. Most importantly, all chocolate comes from rainforests!

Many people are concerned about the loss of our world's rainforests or deforestation. Rainforests are cleared for farming, wood and palm oil, and for mining jewels and minerals.

The Amazon basin is the world's largest rainforest and is located in nine South American countries: Brazil, Colombia, Peru, Venezuela, Ecuador, Bolivia, Guyana, Suriname, and French Guiana. Typically, rainforests sit near the equator where the sun shines the hottest, up to 86°F (30°C). Rainforests have an abundant rainfall, up to 13 feet a year.

La forêt tropicale est importante à notre survie. Elle nous aide à mieux respirer et à maintenir la température de l'air en absorbant le dioxyde de carbone (CO2) qui nous est nocif. S'il y a trop de dioxyde de carbone, la Terre se réchauffera et de nombreuses plantes et animaux mourront. Plus de la moitié des espèces animales et végétales habite dans la forêt tropicale. Cette forêt est essentielle pour 25% de nos médicaments, pour la production de caoutchouc et de nombreux fruits tropicaux. Plus important encore, le chocolat vient de la forêt tropicale !

De nombreuses personnes s'inquiètent de la déforestation. On détruit la forêt tropicale pour l'élevage du bétail, l'exploitation du bois, la culture de l'huile de palme et aussi pour l'extraction de pierres précieuses et minéraux.

Le bassin de l'Amazone est la plus grande forêt tropicale du monde et couvre neuf pays d'Amérique du sud : le Brésil, la Colombie, le Pérou, le Venezuela, l'Equateur, la Bolivie, le Suriname et la Guyane française. En général, la forêt tropicale se trouve près de l'équateur, là où le soleil brille le plus fort, jusqu'à 30 °C. Il pleut beaucoup dans la forêt tropicale, jusqu'à 4 mètres par an.

Le cycle de l'eau

The heat of the sun causes the leaves of trees and plants to give off water vapor that rises to the sky (transpiration). Similarly, water from lakes and streams evaporates and rises (evaporation). This water vapor turns cold and forms into clouds (condensation). When the air can no longer hold the water it sends it back to the ground as rain, hail, snow, or sleet (precipitation).

Sous l'action de la chaleur du soleil, les feuilles des arbres et des plantes laissent s'échapper de la vapeur d'eau qui monte au ciel (transpiration). De même, l'eau des lacs et des courants s'évapore et monte au ciel (évaporation). Dans le ciel, cette vapeur d'eau devient froide et forme des nuages (condensation). Quand l'air ne peut plus retenir l'eau, l'eau retombe sous forme de pluie, neige, grêle ou neige fondue (précipitation).

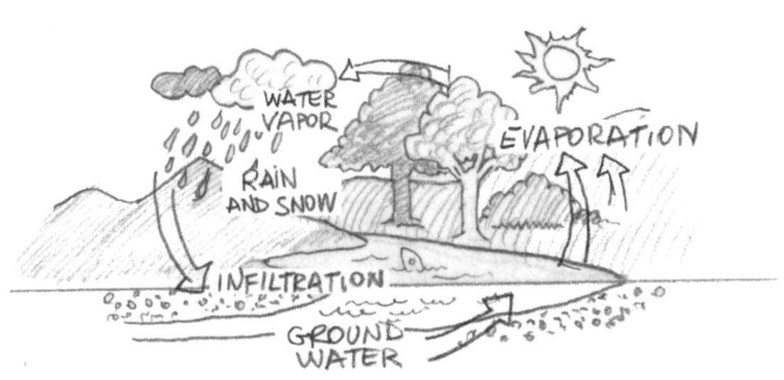

Notes

Themes and topics for you to explore:

- Capybara- the largest rodent in the world
- Animals of South America- puma, jaguar, monkey, iguana, llama, agouti
- French Guiana
- Amazon Rainforest
- Deforestation
- Water cycle
- Blowpipe- weapon in the Amazon basin
- Space Center- Centre spatial guyanais
- Devil's Island
- Agouti- only animal able to crack open a Brazilian nut
- Feeling different
- Covering up what you don't like- boots and other objects
- Good vs. negative friends
- Helping out your friends
- Listening to advice from your elders
- Believing in yourself
- Doing what you don't think you can do
- Protecting rather than destroying the planet

À propos de l'auteur

Mira Canion is an energizing presenter, author, photographer, stand-up comedian, and Spanish teacher in Colorado. She has a background in political science, German, and Spanish. She is also the author of the popular novellas *Piratas del Caribe y el mapa secreto, Rebeldes de Tejas, Agentes secretos y el mural de Picasso, La Vampirata, Rival, Tumba, Fiesta fatal, El capibara con botas, La perezosa impaciente, Pirates français des Caraïbes, La France en danger et les secrets de Picasso, Le capybara botté* as well as teacher's manuals. For more information, please consult her website: **miracanion.com**.

Remerciements

This book is dedicated to Megan Hayes, who loves capybaras and teaching elementary students.

Thanks to Margarita Pérez García for the translation and French edition contributions by Anna Gilcher, Cécile Lainé, and Anny Ewing.